LETTRE

A UN ÉLECTEUR,

SUR

LES PROCHAINES ÉLECTIONS

ET

SUR LA SITUATION ACTUELLE

DES ESPRITS ET DES CHOSES;

PAR H. CARRION-NISAS,

ANCIEN TRIBUN.

PARIS,

BATAILLE ET BOUSQUET, LIBRAIRES,

AU PALAIS-ROYAL.

BAUDOUIN FRÈRES, RUE DE VAUGIRARD, N° 36.

1820.

LETTRE

A UN ÉLECTEUR.

Vous exigez, Monsieur, que je vous dise mon avis sur les prochaines élections, et sur leur résultat probable.

Il arrivera en ceci ce qui est arrivé en plus d'une occasion; et les antécédens ne manqueront pas aux faits dont nous allons être témoins.

Ce n'est pas la première fois qu'une mesure provoquée, caressée en théorie par un parti, aura, dans son exécution, entièrement désappointé ce même parti.

Je vous avais annoncé que *la* séparation des colléges électoraux en colléges de département et colléges d'arrondissement, était entièrement défavorable à l'influence du parti ultrà, quoique celui-ci eût espéré l'accroître par ce moyen; il suffit maintenant de jeter les yeux sur les listes respectives d'électeurs pour se convaincre que j'avais raison, et les ultrà ne sont pas à s'apercevoir de leur erreur et de leur illusion. Ce parti (que, dans mon humeur inoffensive, j'aime mieux appeler *rétrograde*, parce que ce mot contient uniquement l'indication d'un fait et n'y ajoute point l'expression d'un blâme, implicitement renfermée dans celui d'*ultrà* qui emporte l'idée d'un excès); ce parti, dis-je, commet depuis trente ans les mêmes fautes, et le retour des mêmes désappointemens ne le corrige jamais.

Faisons (disent-ils depuis trente ans), *faisons périr la révolution par ses propres excès;* et ces excès qu'ils provoquent, les font périr eux-mêmes, et mêlent seulement quelques malheurs de détail aux immenses bienfaits que la tendance générale des événemens, la force invincible des choses, produit et multiplie pour l'immense majorité. Nous nous souvenons avec quelle joie insensée et furieuse, ce qu'on appelait les aristocrates triomphait au commencement de la révolution, lorsque quelque décret imprudent échappait à l'Assemblée constituante. Cette jubilation et cette démence furent à leur comble, quand cette Assemblée, travaillée par de doubles intrigues, fit cette déclaration funeste : Que ses membres n'étaient pas rééligibles à l'assemblée qui devait suivre. C'était prononcer, d'un seul coup, l'ostracisme contre presque toutes les lumières, presque toutes les expériences qui pouvaient achever le bien et réparer le mal qui s'y était mêlé. Tous les bons citoyens gémirent; mais ce parti se réjouissait et croyait déjà voir revenir à lui les suffrages populaires et l'influence qu'on arrachait à ceux qui, jusque-là, l'avaient heureusement exercée. Quel fut l'excès de cette erreur et de cette déception? l'histoire le porte en pages de sang.

Ici, certes, les résultats ne seront pas les mêmes; mais l'erreur est pareille, c'est-à-dire que l'état de la société est tout différent de celui que supposent les espérances comme les craintes du parti rétrograde. C'est sur les faits qu'il se trompe bien plus que sur les raisonnemens.

Ce serait une injustice, sans doute, de penser que Dieu a déshérité ce parti des facultés qu'il accorde aux autres hommes; mais la passion lui en interdit l'usage, et le frappe d'aveuglement. Ce n'est pas d'esprit ou de talent qu'il manque, c'est d'yeux et d'oreilles, ou plutôt de la volonté de s'en servir. Retranchés dans leurs salons, les hommes de ce parti ne connaissent, la plupart du temps, le reste de la société que par des rapports intéressés, serviles, ou perfides; ainsi leur politique spécule toujours sur un monde imaginaire.

Leur grande déception aujourd'hui, est de se persuader encore qu'au-delà du petit cercle où ils se resserrent, il n'existe plus qu'une foule sans goût, sans idées, propre *à être menée à la baguette*, qu'ils désignent par le nom de *peuple* pris en mauvaise part, et trop souvent par celui de *populace* et de *canaille*. Cette classe intermédiaire, immense, sage, éclairée, morale, patriote, qui forme le fond, et, aujourd'hui, la presque totalité de la société, échappe entièrement à leur vue; ils ne voient pas la masse de *citoyens* qui existe, et rêvent encore une cohue d'*ilotes* qui n'existe plus. C'est ainsi que, dans la question du recrutement, ils proposent infatigablement le recrutement volontaire et par argent, ne s'étant point encore aperçus que les élémens de ce recrutement, depuis plus de quinze ans, ne sont plus dans la société. C'est ainsi que, dans leur intérêt prétendu, ils préféraient à tout, l'élection à deux degrés, parce qu'ils croyaient y trouver un patronage et une clientelle à leur profit, aussi chimérique l'un que l'autre. De même, dans la question présente, ils ont compté sur la composition du collége électoral de département, où ils se

figuraient une majorité composée d'eux-
mêmes ; et dans les colléges d'arrondissement,
une majorité, facile à composer, de leurs créatures. Qu'arrive-t-il cependant, et de quoi va
les convaincre l'inspection des listes im-
primées ?

Leurs chefs seront en quelque nombre sans
doute, dans quelques colléges électoraux de
département ; mais, dans presque tous, en
minorité très-décidée. En minorité plus posi-
tive encore, se trouveront leurs créatures
dans les colléges d'arrondissement, où il se
rendra un plus grand nombre d'électeurs
indépendans. Les chefs et les soldats, pour
ront s'y trouver, de plus, séparés les uns des
autres, puisqu'il y aura plusieurs colléges d'ar-
rondiss ement; et, par conséquent, partout très-
affaiblis. Par exemple, dans un département
pris au hasard, je suppose le corps électoral dé-
partemental, au nombre de quatre cents membres; je suppose que leurs chefs y soient au
nombre de soixante ou quatre-vingts (c'est beau-
coup); il ne se grossira d'aucune créature, d'aucun serviteur; les trois cent vingt autres électeurs
se composeront de propriétaires de domaines
nationaux, d'autres propriétaires étrangers ou
opposés à leur influence, et des hommes qui

sont à la tête du commerce et de l'industrie, et qui ne leur sont pas favorables; il faut qu'ils renoncent à la domination dans ce collége; et s'ils veulent que leurs voix ne soient pas perdues, il faudra qu'ils les rallient à un parti constitutionnel plus ou moins prononcé. Dans les colléges d'arrondissement, leur chance ne sera pas plus brillante. S'il y en a trois seulement, et c'est la supposition la plus favorable, ils seront, dans la même hypothèse, de quinze à vingt-cinq environ dans chacun, suivant la localité; supposons que chacun d'eux ait trois ou quatre partisans qui votent *in verba magistri*; c'est cent, ou, tout au plus, cent vingt suffrages qui seront réunis sous leur influence; or, chacun de ces colléges sera, au moins, de cinq cents électeurs, parmi lesquels très-peu, cette année, manqueront de se rendre, à cause de la plus grande proximité des colléges.

Voilà la statistique incontestable des assemblées électorales actuelles; tandis que, dans les précédentes, réunissant, entre chefs et partisans, un nombre d'environ trois ou quatre cents votans, *dans le chef-lieu du département, siége de toutes les autorités* : si, sur un nombre total de quinze à seize cents électeurs, trois ou quatre

cents, ne s'étaient pas rendus à cause de l'éloi-
gnement du chef-lieu, ils auraient pu appro-
cher de la majorité ; et, au moyen d'un peu
d'adresse, l'atteindre quelquefois.

La loi donc, telle qu'elle était auparavant,
telle qu'elle a excité leurs rugissemens, leur
était réellement plus favorable que les changemens qu'ils ont provoqués.

Convaincus par l'expérience, voudront-ils
revenir aux deux degrés d'élections ? Quand
ils le pourraient, ce qui est plus que douteux,
l'influence sur laquelle ils compteraient, serait encore une illusion. La société n'est plus
la même, elle n'offre plus la possibilité de
ce patronage et de cette clientielle, dont
l'idée alimente encore leurs vaines espérances.

Autrefois, les deux rôles d'impositions,
savoir, celui de la taille qui comprenait tous
les propriétaires non nobles, et celui des ving-
tièmes, qui portait sur ceux que la loi recon-
naissait comme nobles, ne contenaient pas,
ensemble, plus de trois cent mille articles pour
tout le royaume ; il y avait donc trois cent
mille propriétaires, grands ou petits, dans le
royaume. Aujourd'hui, le rôle des contribu-
tions contient plus de trois millions de noms,

et si on multiplie ce nombre par cinq, comme on suppose généralement les familles, il s'ensuivra que, dans la même société et sur le même nombre à peu près d'individus, il y avait autrefois quinze cent mille citoyens, ou à peu près, participant aux avantages et à l'esprit de la propriété, et qu'il y a aujourd'hui quinze millions de personnes en France, qui vivent sous l'influence de la propriété, c'est-à-dire de l'ordre et de la morale; ainsi, chose unique dans l'ordre social depuis qu'il existe, les propriétaires sont en majorité sur les prolétaires; en majorité immense, si l'on y ajoute tous les auxiliaires que l'industrie, le commerce et les arts donnent à la propriété; et les intéressés à l'ordre sont infiniment plus nombreux et plus forts que les intéressés au désordre.

Que faut-il à un tel peuple? des lois douces, qui ne soient que l'expression de ses vœux et de ses besoins moraux. Dans quel pays placera-t-on, plus heureusement que dans un tel pays, la facilité et la sûreté pour le gouvernement? Et comment se peut-il que, dans un tel état de choses, les gouvernans ayent la faiblesse de se laisser aller aux inquiétudes que leur inspirent les *laudateurs* maniaques du temps passé?

Tous les anathêmes qu'ils prononcent, dans leur délire, contre le temps présent, n'empêcheront pas qu'il n'ait été témoin d'un fait unique dans les annales de la civilisation : la ville de Paris, peuplée de six cent mille habitans, sans compter les étrangers qui y circulent, a passé onze mois, dans ces trois dernières années, sans voir une seule exécution à mort. Et c'est une telle société que les déclamateurs nous peignent comme un bois et un coupe-gorge, parce qu'on a sifflé quelques charlatans, soi-disant politiques ou religieux, qui, par l'aigreur et l'animosité qui envenimaient leurs paroles, ont produit une grande partie des désordres, des crimes même qui ont fait de cruelles exceptions à un état, si généralement honorable et prospère, de la société.

Conséquent dans son obstination à méconnaître l'état actuel de la France, le parti rétrograde, dès qu'il voit dans les esprits quelque agitation, ne manque pas de prédire les plus grands désordres matériels : les incendies, les pillages, les meurtres populaires, lui apparaissent dans une prochaine perspective; et cependant cette incandescence des

esprits , qui lui paraît si redoutable , ne
produit pas une chiquenaude , pas le pillage
d'une échope , et il a fallu à ce même parti
des efforts extraordinaires pour produire, en
1815, le renouvellement, sur quelques points ,
de ce qui fut malheureusement trop fréquent
dans les premières années de la révolution.
C'est que l'espèce de gens incultes, féroces,
aigris et abrutis par les besoins et par l'extrême
dépendance , qui pouvait alors prêter aux
factions sa désastreuse coopération, n'existe
plus : *les uns sont morts, le temps a changé
tout le reste.* Cette lie de la nation a disparu ;
elle s'est fondue dans les armées, dans les
classes industrielles ; plusieurs sont arrivés à la
propriété ; enfin, on dirait encore aux *sans
culottes* de 93 : *Adam, ubi es ?* que personne ,
ou presque personne ne répondrait à l'appel.
Quelques-uns de ceux à qui nous parlons ou
de qui nous parlons, le savent bien ; mais je
voudrais rassurer ceux qui sont de bonne foi ,
et ils sont nombreux sans doute.

Je vous vois quelquefois dans leurs rangs ;
quand vous serez tenté de vous y réfugier contre
les fantômes qu'on vous présente, souvenez-
vous de ce que je viens de vous dire ; ne vous
fiez pas à mes paroles, vérifiez tout par vos

yeux, et vous demeurerez convaincu que leurs craintes ne sont pas, heureusement, plus fondées que leurs espérances.

Ces dernières, encore une fois, seront bien robustes et bien aveugles , si elles tiennent contre l'inspection de ces mêmes listes d'électeurs provoquées par ceux qu'elles trompent. Où s'attacheront encore ces espérances insensées ? On ne change pas tous les jours des lois fondamentales ; l'effort n'en est pas toujours possible, le danger en est toujours certain ; d'ailleurs , on peut juger de tous les résultats probables de pareils changemens, par celui d'aujourd'hui.

Il faut enfin que tout le monde sente cette vérité : Que, pour produire une nouvelle Chambre *introuvable* ; que, pour avoir une majorité décidément favorable au parti rétrograde, il ne faudrait rien moins qu'une troisième irruption, une troisième occupation de huit cent mille bayonnettes étrangères. Quels vœux impies appelleraient encore ce qu'on ne peut avoir qu'à ce prix ? J'aime à croire que de pareils Français sont une exception aussi imperceptible que monstrueuse ; que ceux-là même qui, pendant vingt ans , ont sollicité l'intervention de l'étranger dans nos querelles domestiques, rougissent et pleurent aujourd'hui de l'avoir obtenue. Je ne concevrais pas surtout comment la dynastie actuelle, qui est une *institution*, croirait avoir quelque intérêt à une alliance avec l'émigration, qui n'est qu'une *circonstance*.

Les hommes qui se sont livrés à cette aberration politique, sont vieux; leurs enfans pourront avoir les mêmes opinions; ils n'auront pas le même procédé à soutenir et à justifier; ce qui mettra dans leurs opinions une nuance remarquable. Je vous ai, du reste, plus d'une fois répété que je ne comprenais point dans l'émigration, que je blâme sans réserve, les précautions individuelles prises par des hommes isolés et menacés; je n'entends par *émigrés*, pris dans le sens animadversif, que les émigrés proscripteurs et non les émigrés proscrits; que ceux qui abandonnaient systématiquement la patrie, en menaçant de leur retour les citoyens qui ne croyaient pas devoir s'en séparer.

Ces hommes, leurs erreurs, leurs violences, pouvaient offrir à un prétendant des auxiliaires qui n'étaient pas à dédaigner; les positions décident de certaines démarches politiques; mais un prince en possession de son autorité, en changeant de situation, change d'intérêts ; et quand *Louis XII* disait, avec autant de sens que de bonté, que le roi de France ne vengeait pas les injures du duc d'Orléans, il entendait et faisait très-bien entendre qu'en même temps il interdisait qu'on demandât au roi de France le prix des tristes services qu'on avait rendus au duc d'Orléans, révolté contre son roi et son pays.

Le roi et le pays : voilà l'alliance naturelle, *la sainte alliance* que le système des émigrés a cruellement méconnue.

J'ai toujours trouvé dans cette circonstance de l'histoire de nos troubles un dilemme désolant ; car, ou le roi Louis XVI était, comme nous le croyons, de bonne foi dans ses proclamations publiques, quand il rappelait les émigrés, armés et menaçans, à leur devoir de citoyens et à leur soumission de sujets ; et, alors, il est impossible de justifier, sous aucun rapport, la persistance des émigrés, si funeste pour le roi : ou bien celui-ci démentait, par des ordres secrets, comme des émigrés le prétendent et comme nous nous refusons à le croire, les ordres patents qu'il donnait à ces mêmes émigrés ; et, alors, à quelle terrible discussion ceux-ci livrent-ils la mémoire de l'infortuné monarque ?

Certes, c'est dans l'égal intérêt de tous, qu'ont été prononcées par la sagesse même ces paroles qui renferment, en effet, la loi et les prophètes : *Union et oubli.*

On disputera éternellement sur les principes, mais on peut être d'accord sur les intérêts; nul parti ne veut recevoir et tous prétendent accorder l'amnistie; mais, dans tous, on veut être tranquille; dans tous, chaque particulier honnête homme et sage trouve qu'il est temps de jouir en paix de ce qu'il a acquis, conservé ou recouvré. Cette tendance est favorable à l'autorité, et l'autorité doit à son tour favoriser cette tendance; la tâche en est facile; il suffit d'avoir l'instinct de sa situation, et de ne pas le laisser troubler par des passions qui font profession d'idolâtrie pour cette autorité, qu'elles compromettent sans cesse parce qu'au fond elles ne s'en soucient que pour la conquérir.

Dans cet assentiment général des bons esprits en faveur du repos et de la permanence de ce qui est, ceux-là, sans doute, sont les ennemis publics, dont les systèmes, les écrits et les paroles tendent à éloigner ce repos et à combattre cette permanence; or, évidemment, ce sont les hommes et les systèmes rétrogrades qui ont ce tort envers la société; ce sout eux dont les reproches et les menaces se mettent en état d'hostilité envers cette majorité de citoyens qui font profession de ne vouloir que ce qui est ; si ceux-ci s'irritent à leur tour, c'est parce qu'on veut leur ôter à toute force, avec la jouissance paisible du présent, la sécurité de l'avenir; sans quoi ils rentreraient évidemment dans cette tranquilité bienveillante où nous les avons vus si long-temps sous un gouvernement, vicieux sans doute sous d'autres rapports, mais qui ne favorisait et ne souffrait rien de menaçant pour eux. Qu'on cesse de les menacer, ils cesseront de craindre et de s'irriter : l'antécédent que je viens de rappeler est une suffisante garantie de l'avenir.

Si donc ils paraissent agités dans ce moment, le véritable, le seul moyen de les calmer est de comprimer leurs adversaires; c'est en combattant ouvertement et franchement, en ruinant autant qu'il sera en lui les espérances menaçantes des rétrogrades, que le gouvernement verra tous les citoyens rentrer ou rester, au moral comme au matériel, dans l'ordre, dans la paix.

Montesquieu, dans son admirable dialogue de Sylla et d'Eucrate, fait dire à Sylla : *Je faisais la guerre à Mithridate, et je détruisais*

Marius à force de vaincre l'ennemi de Marius.
Cette simple citation développe et justifie mon
système mieux que je ne pourrais l'expliquer.
Le devoir et l'intérêt du gouvernement sont
tracés dans ce peu de mots.

Mais il n'est pas donné à tous les gouvernans de s'élever à la hauteur de Sylla et de
Montesquieu. Le devoir des députés des départemens sera donc de demander des garanties, de les demander infatigablement et jusqu'à
ce qu'ils les aient obtenues.

Ces garanties (qui parurent toujours néces-
saires contre les passions des hommes puissans
et les rancunes des cabinets) autrefois, c'étaient
des forteresses, des places de guerre ; aujour-
d'hui, ce sont des lois, des institutions, des li-
bertés avouées ; chaque siècle a son caractère.

De toutes les garanties, certes, la plus simple comme la plus efficace, la plus conforme à
l'esprit du siècle, c'est, sans contredit, la liberté
de la presse, contenue dans de justes limites,
mais existante réellement dans tous les genres
de communications écrites, et offrant un
champ, un espace à la manifestation de cette
vérité toute puissante qui, semblable à la
tête de Méduse, paralysera toujours l'action
de quiconque voudra attaquer la liberté. Parmi

ses ennemis, aucun ne nie ses avantages ; mais les plus habiles argumentent des inconvéniens auxquels elle a toujours donné lieu, inconvéniens inséparables de ses premiers instans d'existence et qui ne se sont souvent reproduits parmi nous que parce qu'on a eu soin de les grossir après les avoir provoqués, et que la liberté de la presse, toujours étouffée plus ou moins près de son berceau, n'a jamais eu le temps de grandir et de nous apparaître dans un état où elle fait incomparablement plus de bien que de mal. Rappelez-vous, à ce sujet, une comparaison de M. Benjamin Constant, frappante de vérité ; il compare les divers gouvernemens qui nous ont successivement donné et retiré la liberté de la presse, *à un homme qui, ayant à franchir un lac glacé, et, se trouvant précisément au milieu, s'effraierait et retournerait par le même chemin au bord d'où il est parti,* quoique certainement il n'y eût ni plus de danger, ni plus d'inconvénient à passer à l'autre bord. C'est ainsi qu'on s'effraie et qu'on a l'air de s'effrayer des inconvéniens momentanés de la liberté de la presse, et que, dans l'arrière-pensée de la faire haïr et de la retirer, on la restreint ou trop ou trop peu ; on ne la laisse jamais se naturaliser et parvenir à cette maturité où elle ne donnerait que des fruits doux et salutaires.

Certainement, c'est cette *garantie* des *garanties* que les députés des départemens doivent demander avant tout, et les électeurs de cette année ne manqueront pas de nommer des députés pénétrés de ce devoir. Que le gouvernement se prépare donc à ce qu'il ne peut éviter, et qu'il voie la vérité, pour son salut ; qu'il *la voie et qu'il ne gémisse pas de l'avoir vue ;* qu'il suive sa lumière et nous sommes tous sauvés ! Que le gouvernement s'avance avec loyauté et franchise ; qu'il présente ces garanties, c'est-à-dire ces lois, ces institutions qu'il a pu si aisément minuter sous la dictée de l'opinion publique et que cette opinion, par l'organe des députés des départemens, pourra aisément perfectionner si elles sont incomplètes en sortant de ses mains. C'est le seul moyen de rétablir la confiance dont le gouvernement a besoin pour faire le bien et pour se soutenir.

Me direz-vous que ces réclamations, ces demandes toujours renouvelées de garanties, sont l'expression d'une inquiétude injurieuse

au gouvernement paternel sous lequel nous vi-
vons; que la parole royale doit suffire; que
les assurances émanées du trône doivent con-
tenter les plus difficiles; que la moralité des
principaux agens du gouvernement exclut
toute crainte raisonnable? Vous ne laisserez
pas que de m'embarrasser en reproduisant ces
formules, toutes banales qu'elles sont; pour
les réfuter, il faut porter la discussion sur des
objets où elle est dangereuse, élever ses dé-
fiances jusqu'aux pieds du trône, et examiner
avec sévérité le caractère de ceux à qui on
voudrait se confier avec abandon. Eh bien !
pour éviter toute aigreur, écarter toute per-
sonnalité, échapper aux petites passions qui
s'attachent surtout aux choses présentes, je
m'aiderai d'un souvenir et d'un exemple dont
vous ferez l'application comme il vous plaira,
et que je vous invite à opposer, dans l'occasion, à ceux qui vous feraient à vous-même
les objections que je mets ici dans votre
bouche.

L'édit de Nantes était une charte de garantie
pour un million de Français; les élémens en
étaient des stipulations controversées et synal-
lagmatiques; dans sa forme et sa teneur officielle,
elle était librement octroyée par le meilleur des

Rois, affermi sur un trône long-temps disputé. Tant que cette charte fut respectée, tant que les garanties subsidiaires furent en vigueur, un peuple nombreux vécut en paix sous son égide. Pendant plus d'un demi-siècle on mina sourdement les bases de cet édifice; les vengeances politiques et religieuses ne se reposèrent pas. Dépouillés successivement de toutes les garanties matérielles, les protestans se reposaient encore avec confiance sur la parole royale, sur la foi des traités, enfin sur les garanties morales et légales; comment furent-ils réveillés de ce sommeil? Cependant, si un mois, si huit jours avant la publicité d'une révocation tyrannique et sacrilége, un citoyen s'était permis, surtout par des écrits, de jeter quelque doute sur les vues et les projets du gouvernement, d'inspirer quelque méfiance et quelques précautions à ceux sur la tête desquels le glaive parricide était déjà levé, croit-on que la cohue des écrivains stipendiés ne se serait pas ameutée pour crier anathême contre des soupçons si injurieux et si injustes? Croit-on qu'on eût manqué de déclamateurs pour plaindre un gouvernement si loyal, d'être si atrocement calomnié? Sans doute plus d'un ministre aurait été prompt à venger l'autorité par des lettres de cachet qui auraient duement mis sous les verroux et entre quatre murs, un prophète si téméraire et si punissable ; et néanmoins, huit jours après aurait éclaté cette mesure de désolation et commencé cette série de crimes, d'un côté, et de supplices, de l'autre, dont le récit vous a tant de fois épouvanté.

Que dirai-je à présent que vous n'ayez déjà prévu et prévenu ? quelle application ferais-je que vous n'ayez déjà faite ?

Prétendra - t - on que je calomnie l'avenir ? Mais quoi ! ai-je été chercher avec malveillance des exemples sans vraisemblance, parmi les féroces Sycambres de la première race, ou chez les enfans dégénérés de Charlemagne, fantômes de rois méchans et faibles comme leur siècle ? Ai-je évoqué les mânes sanguinaires de Louis XI, ou des cruels enfans de la barbare Médicis ? Non, j'ai cité un roi réputé honnête homme, dont plusieurs qualités personnelles ont mérité du respect, dont le règne, en tout le reste, n'a point offert de révoltantes rigueurs. Qui donc a le droit d'exiger qu'on oublie en sa faveur de semblables leçons de l'histoire ? Et si on n'en profitait pas, ne vaudrait-il pas autant ne vivre que d'hier ?

Il n'est pas possible qu'elles soient perdues pour les députés d'un peuple adulte et éclairé ; ils savent que les forteresses, les places de sûreté d'autrefois sont remplacées aujourd'hui par les lois, par ces institutions municipales, militaires et judiciaires qu'on promet et qu'on refuse depuis si long-temps.

FIN.

IMPRIMERIE DE BAUDOUIN FRÈRES,

RUE DE VAUGIRARD, N° 36.